MINI

MINI

Mark Steward

EDITIONS
ATLAS

Edité par :
France ÉDITIONS ATLAS s.a.,
89, rue La Boétie, 75008 Paris.
Belgique : ÉDITIONS ATLEN s.a.,
avenue Georges Rodenbach 4,
1030, Bruxelles.

© Mark Steward, MCMXXXXIX.
Tous droits réservés. Reproduction interdite.
Editeur : Nicholas Collins.
Texte : Mark Steward
Photographies : Paul Debois
Maquette : Martin Richars.
© ÉDITIONS ATLAS, MCMXCI.
Première publication en 1989
par Osprey Publishing Ltd,
59, Grosvenor Street, London W1X 9DA,
sous le titre original *Mini.*

Réalisation française :
Spiral Atelier Editions
Traduction : Dominique François.

Dépôt légal : novembre 1991.
Imprimé à Hong Kong.
ISBN : 2-7312-1240-3

Page de titre
*A l'instar des pilotes de l'usine,
les pilotes privés aimaient courir
les rallyes à bord de la Mini.*

Sommaire

Avant-propos

Cette préface à l'ouvrage de Mike Steward est pour
moi l'occasion de rendre hommage au concepteur
de la Mini, Alec Issigonis, sans aucun doute l'un des
meilleurs ingénieurs automobiles de notre temps.
Le premier, il conçut une voiture de très petite taille
dont l'espace intérieur devait rivaliser en volume
avec celui de nombreuses berlines. Il s'est
également fait le champion du moteur transversal,
disposition très controversée à l'époque et adoptée
aujourd'hui par tous les constructeurs. Un simple
fait résume le génie d'Alec Issigonis : la Mini, née
voici plus de trente ans, est toujours produite. Et elle
a fait une excellente carrière en compétition.

Fort de son succès dans le championnat du
monde de Formule 3, avec son moteur série A,
British Motor Corporation (BMC) lança la Mini
Cooper. Les Mini Cooper et Cooper S connurent
d'innombrables succès, tant sur circuits qu'en
rallyes, les victoires dans le rallye de Monte-Carlo
restant sans doute les plus célèbres.

Lorsque je me penche sur ces dix années passées
comme ingénieur conseil auprès de la British Motor
Corporation et comme pilote de course des Mini, j'y
vois sans doute la meilleure décennie de toute mon
existence.

La Mini Cooper est désormais, dans le monde
entier, une voiture de collection : cela me remplit de
joie et d'honneur. J'espère sincèrement qu'elle sera
fabriquée encore pendant de nombreuses années.

John N. Cooper

Introduction

« Je ne vois autour de moi qu'immobilisme, tout a déjà été fait en matière d'automobile. Les voitures ne changeront pas. Il est aujourd'hui très difficile de faire la différence entre deux modèles, sauf à regarder l'écusson de la marque. Une seule exception : la Mini ! » Ainsi parlait Sir Alec Issigonis, le créateur de la Mini, le jour de son quatre-vingtième anniversaire, en 1986. Un grand nombre d'admirateurs partagent ce jugement.

Remerciements

L'auteur tient à remercier ici tous ceux qui ont apporté leur aide à la réalisation de ce livre et, tout particulièrement, le personnel du British Motor Industry Heritage Trust, John Cooper, Jeffrey Archer, Kevin Jones et Tony Cumming d'Austin Rover ; il remercie également les membres du London & Surrey Mini Owners Club et du Mini 7 Racing Club pour leur patience pendant les prises de vue. Et Julian Carter, Vicky Steward, Martin Pink, Andrew et Jacky Stanton. Enfin, il remercie Paul Debois qui signe la plupart des photographies.

Derrière la Mini, un homme : Sir Alec Issigonis.

Ce livre est dédié à Sir Alexander Arnold Constantine Issigonis (1906-1988) qui créa la raison même de son existence, la Mini.

Le corps et l'âme

Comment expliquer la longévité de la Mini qui, somme toute, n'est pas exempte de défauts ? Voilà trois décennies qu'elle nous accompagne. Il serait trop simple de l'attribuer uniquement au génie d'Alec Issigonis. D'autres ingénieurs réputés ont construit des véhicules qui devinrent des classiques, mais leur fabrication dura moins longtemps. On pourrait dire avec cynisme qu'une telle longévité reflète la mauvaise politique économique des firmes qui ont produit successivement la Mini. Ne serait-ce pas plutôt sa suspension ferme, sa direction vive et quelques autres qualités qui ont séduit ceux qui se sont, un jour, installés à son volant.

Quand on mit la Mini à l'étude, le cahier des charges stipulait que la nouvelle venue devait accueillir aisément quatre personnes pour un encombrement extérieur réduit au minimum. On pouvait lire à l'époque, dans *Motor* : «Nous avons délibérément construit une très petite voiture car nous avons résolu le problème du volume intérieur.» Issigonis se considérait comme un «ferronnier», un artisan qui savait, à partir d'éléments épars, concrétiser un ensemble, génial de simplicité et intemporel.

Depuis son lancement, la Mini utilise le moteur British Motor Corporation (BMC) série A. L'ancêtre des moteurs série A est un moteur Austin, monté pour la première fois en 1952 dans une A30. Sous le capot de cette aïeule, il ressemblait très peu à un moteur de Mini : il était monté longitudinalement, accolé à sa boîte de vitesses. Ce moteur série A servit dans un grand nombre de production BMC, notamment dans la Morris Minor, conçue par Issigonis entre 1956 et 1959. L'exceptionnelle longévité de la Mini – presque quatre décennies – est à mettre en partie au crédit du créateur du moteur de série A, Bill Appleby. Ce moteur n'est pas resté figé : en 1952, le 803 cm^3 de l'Austin A30 développait 25 ch ; en 1982, celui de la MG Metro Turbo développait 93 ch. Pour réduire le coût de production, la nouvelle voiture d'Issigonis devait utiliser un moteur préexistant de la gamme BMC. (A lui seul, l'équipement de l'usine pour produire la Mini coûterait dix millions de livres.)

Des essais furent d'abord conduits avec un bicylindre refroidi par air, mais ce propulseur fut jugé trop « vif » pour une voiture de tourisme. De plus, le refroidissement par air, peu efficace, s'avérait très bruyant. Dès que le cahier des charges préconisa les quatre cylindres et un refroidissement liquide, le moteur série A s'imposa comme le choix idéal, principalement en raison de son encombrement réduit. Issigonis, le premier, eut l'idée de génie d'installer le bloc-moteur au-dessus de la boîte de vitesses et d'utiliser un système de lubrification unique. Un moteur en position transversale n'avait rien de révolutionnaire ; en revanche, un moteur disposé au-dessus de la boîte de vitesses était une solution inédite. Au vrai, le moteur avait été monté initialement dans l'autre sens, mais, très vite, il fut retourné de façon à protéger carburateur et soupapes d'admission contre le climat britannique... humide !

Le père de la Mini Cooper, le constructeur de voitures de course, John Cooper, se souvient qu'Alec Issigonis ne fut pas immédiatement un fervent du moteur série A. Il pensait toutefois que l'important était surtout de lancer la production de la Mini ; un changement ultérieur pour un moteur de sa conception serait toujours possible.

On choisit de faire de la Mini une traction afin qu'elle fût plus spacieuse et moins bruyante, et le chauffage de son habitacle plus simple à concevoir. De nombreux véhicules bon marché de l'époque, à roues avant motrices, souffraient d'à-coups de transmission, répercutés au volant quand les roues étaient braquées à l'extrême. Il fallait donc repenser la transmission du couple-moteur aux roues. La firme Hardy Spicer, qui venait d'acheter les droits de fabrication d'un nouveau joint de transmission, conçu à l'origine pour les périscopes des sous-marins, apporta la solution. Elle ne tarderait pas, au reste, à fournir ces joints aux constructeurs de tractions du monde entier.

Les faux châssis sur lesquels furent montés les éléments mécaniques et de suspension, à l'avant et à l'arrière, contribuèrent au succès de la Mini. Issigonis avait employé auparavant cette technique sur les Morris Minor, à la place d'un châssis faisant toute la longueur de la voiture. Cette adoption de faux-châssis fut décidée assez tard, alors que la conception de la Mini était déjà très avancée. Les premiers prototypes à subir les essais sur route, surnommés « boîtes orange » en raison de leur couleur, en étaient dépourvus. Les structures portant les organes mécaniques et de suspension, soudées à la coque, furent la source de fatigue et d'amorces de ruptures aux points d'ancrage. L'utilisation de faux châssis résolut ce problème tout en renforçant le silence de fonctionnement sur route. Avantage supplémentaire, les modifications étaient fort simples à apporter ; en surface, un faux châssis de 1959 ressemble énormément à un exemplaire produit actuellement, alors que d'innombrables changements ont eu lieu. Enfin, la versatilité du faux châssis en fait un élément de choix pour les fabricants de véhicules « en kit ».

La Mini fit ses débuts avec des roues de 10 pouces de diamètre, l'espace intérieur perdu pour les

Le moteur série A n'avait pas été spécialement conçu pour la Mini. Il s'avéra être pourtant le propulseur idéal.

passages de roues était ainsi réduit au minimum. Aujourd'hui, nombre de voitures possèdent des petites roues (les voiturettes, les Reliant, à trois roues notamment) ; à l'époque, les roues de la Mini mesuraient 7,6 centimètres de moins que celles de l'Austin A35, leur diamètre était inférieur de 12,7 centimètres à celui des roues d'une Renault Dauphine, la grande rivale de la Mini.

Restait à fabriquer un pneumatique capable de résister à un kilométrage honorable. Il s'ensuivit une

étroite collaboration entre Dunlop et Issigonis. La légende rapporte qu'Issigonis aurait demandé à Dunlop des pneus « grands comme ça », en écartant les paumes de ses mains d'environ 25 centimètres ! La taille des roues de la Mini suscita bien des commentaires. Les sceptiques affirmèrent que des pneus de cette taille dureraient à peine quelques milliers de kilomètres. Issigonis prit l'habitude de toujours porter sur lui la photographie d'une Mini équipée de roues d'Austin 7 dont le diamètre mesurait presque le double de celui d'une roue de Mini. Quiconque se risquait à traiter de la délicate question des roues de la Mini se voyait mettre sous le nez cette photographie tandis qu'Issigonis faisait observer combien la même voiture équipée de grandes roues était ridicule.

En 1974, pourtant, la 1275 GT fut proposée, en option, avec des roues de 12 pouces chaussées de pneus Dunlop Denovo qui permettaient de rouler après une crevaison. Cette option, onéreuse, disparut en 1980. Depuis 1984, certains propriétaires adaptent même des roues de 12 pouces – comme sur les Mini standard – au lieu de remplacer leurs pneus Denovo. Certains amateurs équipent leur Mini avec des roues de 13 pouces, montées de pneus à profil ultra-bas ; le prix d'un seul de ces pneus équivaut parfois au prix de quatre enveloppes standard !

En 1964, les tambours avant de la Mini 850 disposèrent de deux cylindres récepteurs au lieu d'un seul. En 1961, on équipa la Mini Cooper, qui était plus rapide, de freins à disques que venait de mettre au point Lockheed. John Cooper convainquit Lockheed que les nouveaux freins pouvaient fonctionner avec un disque de 180 mm de diamètre seulement. En 1963, la Cooper S – qui venait de sortir – encore plus rapide, reçut des disques de freins de 190 mm de diamètre, plus épais ; la pression à exercer sur la pédale nécessitait un effort moindre grâce à l'adoption d'un servo-frein. Avec l'apparition des roues de 12 pouces sur la GT, l'emploi de disques de 212 mm devint possible ; ils équipent toujours les Mini actuelles.

Les suspensions de la toute première Mini étaient révolutionnaires. Indépendantes sur les quatre roues, faisant appel à des éléments en caoutchouc, elles furent mises au point par Moulton Developments Ltd, à Bradford-on-Avon. Cette firme avait été fondée par sir Léonard Lord, président de BMC, pour étudier des éléments destinés aux véhicules produits par BMC. A sa tête, on trouvait Alex Moulton, qui avait travaillé avec Alec Issigonis sur divers projets. Souvent critiqué plus tard, le confort de la Mini fut jugé remarquable en 1959. Dans l'édition de *Motor* du 26 juin 1959, on pouvait lire : « Quel que soit l'état de la route, les passagers à l'arrière de cette voiture bénéficient d'un meilleur traitement que dans bien des véhicules coûtant le double de son prix. » Les suspensions de la Mini n'ont guère évolué depuis trois décennies, si l'on excepte la période de 1964 à 1971, quand fut employé le système Hydrolastic. Il s'agissait de deux circuits indépendants, à droite et à gauche, contenant un mélange d'eau et de glycol, pressurisé, et d'un élément relié à chaque roue ; quand une roue avant rencontrait une bosse, une partie du liquide était alors chassé vers l'élément arrière correspondant, l'assiette de la voiture étant ainsi préservée. Partisans et détracteurs de ce système peuvent bien discuter de ses mérites et de ses inconvénients, son prix de revient, plus élevé que celui du système « sec » (à caoutchouc), décida de sa disparition.

La ligne de la Mini défie le temps et les modes et s'intègre à tous les environnements. Elle a très peu évolué depuis 1959. C'est d'autant plus remarquable qu'Alec Issigonis n'était pas un styliste : « Les stylistes ne réussissent qu'à rendre les objets qui leur sont confiés obsolètes, il n'est qu'à regarder la mode féminine... Les voitures que je dessine sont intemporelles, elles n'en sont que plus précieuses aux yeux de leurs propriétaires. » Issigonis était un homme de terrain, un ingénieur : les voitures qu'on lui doit en témoignent. En 1961, la Wolseley Hornet et la Riley Elf apparurent ; leur carrosserie était remaniée par Dick Burzi. Le poids plus élevé des deux modèles n'était pas pour plaire à Issigonis.

Hornet

Mk. II

ydrolastic' suspen-
ornet smooth, level,
ng—whatever the

Pour lui, seul l'aspect pratique, immédiat comptait. La Mini était une « boîte en fer blanc », elle devait pouvoir transporter les gens d'un point à un autre... et assurer leur retour, rien de plus !

Soudée par points, à joints debout, la coque de la Mini était de construction très simple. D'aucuns prétendent que la simplicité de construction de la carrosserie avait été voulue afin d'autoriser sa fabrication dans des pays éloignés par du personnel moins qualifié... Si les panneaux de carrosserie sont assemblés à joints debout, c'est sans doute pour limiter son prix de revient. Issigonis disposait d'un certain budget pour mettre la voiture au point, pas davantage. Sa mission comprenait également la production des outils, des matrices et des gabarits nécessaires à la fabrication. A joints debout, la fabrication de la coque ne nécessitait pas de gabarits coûteux pour tenir les différents panneaux pendant les opérations de soudure, de simples serre-joints faisaient l'affaire. Ce mode d'assemblage expliquerait-il le petit nombre de modifications subies par la Mini depuis trente ans ?

A gauche :
Il fallait 23,6 secondes à la nouvelle voiture, équipée d'un moteur de 848 cm³, pour parcourir 400 m départ arrêté.

Ci-contre :
Le coffre n'était pas immense, bien sûr, mais on pouvait toujours le laisser ouvert...

Ci-dessous :
En version de luxe, les Austin 7 et les Morris Mini Minor étaient livrées avec de la moquette, des sièges plus moelleux et quelques aménagements extérieurs supplémentaires.

A gauche :
Le Mini Van, très apprécié des
entreprises, quelle que soit leur
taille.

Ci-dessus :
Le Mini Pickup, idéal pour les petits
entrepreneurs.

Les membrures en frêne de la Mini Countryman sont purement décoratives. Ainsi parée, la Mini conserve l'allure traditionnelle des véhicules « campagnards ».

Les débuts

Ce fut un événement mondial. Le 26 août 1959, BMC réussissait un tour de force : la Mini était disponible dans plus de cent pays !

La Mini fut « lancée » sous deux appelations distinctes, Morris Mini Minor et Austin 7, car BMC était né, en 1952, de la fusion des firmes Austin et Morris, et les concessionnaires avaient conservé les deux enseignes. Les différences entre les deux modèles étaient superficielles. Lorsque les journaux britanniques annoncèrent la venue d'une nouvelle petite voiture anglaise, économique à l'usage et d'un excellent rapport qualité-prix, ils ne manquèrent pas de faire vibrer la fibre nationaliste de leurs lecteurs en louant ses qualités. Ainsi lisait-on dans *Motor Sport*, en septembre 1959 : « Les dernières-nées de BMC sont aussi pratiques, aussi originales que leurs rivales européennes ; elles sont à la pointe de la technique ; *Motor Sport* se bat depuis des années pour que notre industrie automobile corrige son approche d'une voiture économique, afin de mieux concurrencer les firmes européennes. » Suivaient deux prédictions : « Leur vitesse de passage en courbe ajoutée aux préparations disponibles chez les spécialistes pour augmenter leur puissance ne devraient pas manquer de faire grande impression chez les pilotes de rallyes et les amateurs de voitures sportives (...) Ce nouveau modèle BMC dont on avait tant besoin bouleverse les idées reçues sur les petites voitures. De plus, son prix très compétitif devrait porter un rude coup aux constructeurs européens qui commercialisent des petites automobiles ici et aux Etats-Unis. »

La revue *The Autocar* saluait dans des termes comparables la naissance de la Mini. Dans l'édition du 28 août 1959, on pouvait lire : « Fouler aux pieds toute convention n'est certainement pas une garantie de succès dans le monde de l'automobile. Pourtant, le travail accompli par les brillants ingénieurs de BMC est incomparable. Des essais conduits à bord d'un modèle de luxe ont révélé un confort et une tenue de route hors du commun pour une voiture de cette catégorie. »

Et pourtant, malgré ces encouragements, les ventes de cette « voiture du peuple » ne furent pas immédiatement encourageantes. Si le succès se faisait attendre, c'est, à n'en pas douter, parce que les futurs acheteurs se méfiaient d'un concept aussi nouveau. En 1964, *Motor* écrivait : « Souvenez-vous de l'impression produite en 1959 par la dernière-née de BMC, de la surprise des consommateurs devant cette petite voiture comique, posée sur quatre petites roues, suspendue par du caoutchouc et dont le moteur était dans le "mauvais sens". »

Issigonis avait conçu la Mini pour être la voiture de la classe ouvrière britannique. Mais cette dernière se montra peu disposée à investir un argent durement gagné dans une si petite voiture. A la surprise générale, ce fut la classe moyenne qui acheta la Mini : elle avait parfaitement compris l'avantage de posséder une voiture de trois mètres de long lorsqu'il fallait se garer dans une ville aussi encombrée que Londres dans les années soixante. Et lorsqu'il avait aperçu Lord Snowdown, un ami d'Issigonis, ou quelque autre personnalité, au volant d'une Mini, l'homme de la rue ne manquait pas de se dire : « Pourquoi pas moi ? »

Dans les deux années qui suivirent le lancement de la Mini, les Minivan en version commerciale et plateau complétèrent la gamme. 1961 fut, assurément, une grande année pour la Mini : la Wolseley Hornet et la Riley Elf vinrent étoffer le haut de la gamme ; plus luxueuses et plus volumineuses, elles disposaient d'un coffre et d'une calandre verticale, comme les voitures des années quarante, et l'intérieur était en cuir et en bois. « Dans la grande tradition BMC qui consiste à produire des versions Wolseley et Riley d'un même modèle, les Elf et les Hornet possèdent pour seul atout technique leur insigne de calandre ! » Pour être péremptoire, cette déclaration, souvent entendue, n'est pas juste. La Elf et la Hornet ont servi de banc d'essai à un grand nombre d'améliorations dont bénéficia ensuite la Mini : ainsi le moteur 998 cm^3 – qui les équipa pendant cinq ans avant de figurer sur la Mini – et les vitres descendantes qu'on ne retrouverait sur les autres modèles que trois ans après, sans oublier la capacité du coffre augmentée de 70 litres. A nouveau, la presse s'en fit l'écho : « Les versions Elf et Hornet combleront d'aise les acheteurs qui privilégient l'équipement et la finition sur la légèreté et les performances. » (*Autocar*)

L'année 1961 vit également la sortie d'une version sportive de la Mini, signée John Cooper, une personnalité dans le monde de l'automobile – il avait remporté le championnat du monde des constructeurs en 1959 et en 1960. L'extraordinaire tient dans le fait que BMC ait accepté de le suivre. Un article publié par *Autocar* après le lancement des Elf et des Hornet en indique peut-être les raisons : « Sous la pression des fervents de Mini, des pièces spéciales de hautes performances sont apparues au cours de ces deux dernières années. Il paraît naturel – le marché grandissant – que le constructeur lançât un modèle de Mini qui allierait performances et fiabilité, ainsi qu'une finition en rapport avec le nouveau caractère de la voiture. » Tout le monde s'accorde à penser que l'attrait de la Cooper réside essentiellement dans ses

Un aperçu de la brochure de la Wolseley Hornet Mk II.

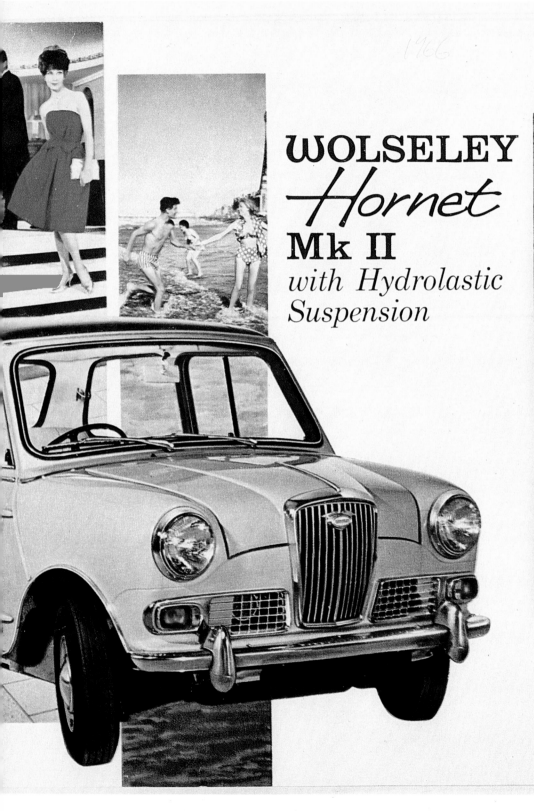

WOLSELEY *Hornet*
Mk II
with Hydrolastic Suspension

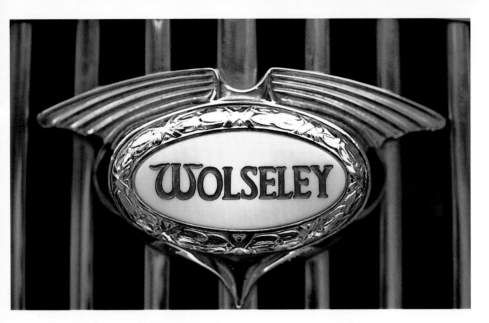

Ci-contre :
Comme sur les anciens modèles Wolseley, l'écusson de calandre est éclairé de l'intérieur !

Ci-dessous :
La calandre des Wolseley et des Riley reprend le dessin traditionnel de ces deux marques.

A droite :
Le coffre est plus volumineux sur les Wolseley et les Riley.

performances : un excellent compromis entre puissance et tenue de route. En outre, la Cooper bénéficie d'un statut particulier que lui confère sa faible diffusion. A performances égales, une Mini, privée du sigle Cooper, n'est qu'une Mini. Les prix qu'atteignent aujourd'hui une Cooper d'origine en témoignent.

Très différente, la version Mini Moke (bourricot), lancée en 1964, s'adressait à un autre marché : l'armée. Il s'agissait de réaliser un véhicule rustique, léger, solide, capable de circuler sur tous les terrains, peu encombrant et susceptible d'être parachuté n'importe où. Malheureusement, sa garde au sol réduite et sa faible capacité de chargement ne répondait pas au cahier des charges de l'armée. BMC la lança alors comme un véhicule de loisir, idéal l'été. (La Moke disposait bien d'une capote, mais son utilisation ne dispensait ni de l'imperméable ni des gants fourrés !) La Moke finit par être mieux équipée que les modèles rudimentaires prévus pour l'armée. Les hippies, dans les années soixante, en firent leur véhicule d'élection, la peinture vert militaire cédait bien sûr la place à un arc-en-ciel psychédélique. Quand BMC devint British Leyland, la Moke disparut du catalogue, son marché étant estimé trop réduit. La production se poursuivit en Australie et, plus tard, au Portugal. Toutes les Mini sont amusantes à conduire, mais la Moke, par son absence de carrosserie, procure un vif sentiment de liberté.

La période pendant laquelle une voiture n'est plus une nouveauté mais n'est pas encore une classique est souvent difficile. A la fin des années soixante, la presse automobile se montra moins favorable à la Mini. On pouvait lire dans le numéro de *Motor* du 18 octobre 1969 : « Nos lecteurs fidèles auront remarqué notre récent manque d'enthousiasme pour la Mini. Sans vouloir minimiser l'excellence du concept ni les changements apportés au fil des ans, nos critiques portent sur le rythme auquel ceux-ci s'opèrent. Nous ne pouvons manquer d'observer dans nos essais comparatifs que la Mini a pris du retard en matière de confort et d'équipement sur ses concurrentes. » La critique se poursuivait par ces lignes : « La Mini "long nez", disponible depuis peu, répond à nos demandes dans ces deux domaines ; elle est infiniment plus "civilisée" et plus aisément habitable que ses ancêtres. » Par Mini « long nez », il faut entendre Mini Clubman.

En effet, le nouveau museau de la Mini était allongé de 10 centimètres. La ligne de la voiture en était modernisée et l'accessibilité des organes mécaniques améliorée. En outre, en cas d'accident, ses capacités d'absorption d'énergie étaient supérieures. La Clubman, lancée en concurrence avec les autres modèles Mini – à l'exception des Elf et des Riley, qui disparurent –, était vendue sensiblement au même prix, si l'on tient compte d'une meilleure finition. Elle valait 750 F (de l'époque) de plus que la Mini Super ; la Mini Clubman commerciale, 1 400 F de plus que la Mini Traveller et la 1275 GT était vendue 1 600 F de moins que la Cooper S. La Clubman poursuivit sa carrière pendant les années soixante-dix et disparut en 1980, alors que la Mini originale, devenue désormais une classique, est toujours commercialisée.

Une Riley Elf Mk II. A l'intérieur, peu de différences avec la Wolseley Hornet, sinon quelques touches de luxe.

Ci-dessous :
Une Austin Cooper Mk I ;
la première des Mini rapides…

Ci-contre :
L'intérieur plus luxueux de la
Cooper MK I est à l'image
de ses performances.

Ci-dessus :
Le compartiment moteur de
la Cooper Mk I possède deux
carburateurs SU.

Ci-contre :
La Morris Cooper Mk I, sœur
jumelle de l'Austin.

Ci-dessus :
L'écusson très reconnaissable
d'une Austin Cooper S Mk II.

Ci-contre :
La propriétaire de l'écusson
ci-dessus !

Ci-dessus :
Le compartiment moteur de la Cooper S Mk II. A gauche sur la photo, le servo-frein qui réduisait l'effort à exercer sur la pédale.

Ci-contre :
Le garnissage intérieur de la Cooper S est peut-être moins recherché que celui de la Cooper Mk I, en revanche, elle possède des sièges à dossier inclinable, gage d'un confort supplémentaire.

Ci-dessous :
La Mini Moke.

Double page suivante :
Deux Mini Moke – en vignette,
un modèle récent. On est loin ici
de l'usage militaire auquel elles
étaient destinées à l'origine.
Au vrai, la Mini Moke est un outil
de plein air idéal.

Vendre, vendre, vendre...

La famille des Clubman.

MINI 1275 GT Carries on where the Cooper left off

And how!

All the fun, all the performance wrapped up in a more stylish and comfortable package.

You have 60 spirited horsepower to whip you swiftly past meanderers. You have extra sticky radials on the four corners to hold you firm on corners. You have power-boosted disc/drum braking too to gobble up your speed without drama or fade. And you begin to understand why other manufacturers had to resort to freak 'specials' to stop the Minis winning all the rallies!

Here's proof you don't need cost and complication to enjoy your motoring. You don't need vast bonnets, power bulges, aerofoils, V12s and something from your bank manager.

All you need is the Mini 1275 G.T.

En trente années, la Mini s'est vendue – avec des hauts et des bas – à plus de cinq millions d'exemplaires. On a dit qu'elle avait été créée pour endiguer les importations de petites voitures étrangères ; cependant, jusque dans les années soixante-dix, les constructeurs ne disposaient pas des structures nécessaires à des importations massives vers la Grande-Bretagne, et les quelques voitures « œufs » (Fiat 600, Vespa 400, Isetta) qui traversèrent la Manche semblaient venues tout droit d'un autre monde. Pourtant, le marché britannique demandait une voiture peu coûteuse, dans des proportions supérieures à ce que pouvait fournir l'industrie nationale. La Mini trouva immédiatement

La 1275 GT, meilleure que la Cooper ?

sa place, en Angleterre comme à l'étranger : en vraie quatre places, dotée d'un coffre, elle correspondait à la demande des acheteurs. A la vérité, sa nationalité était un atout de taille : les produits manufacturés en Angleterre jouissaient d'une excellente réputation dans le monde ; l'image du fameux « chic » anglais ainsi que le prestige des autres grandes marques anglaises de voitures (Aston Martin, Rover, Jaguar, Rolls-Royce) renforcèrent sa crédibilité aux yeux des acheteurs étrangers.

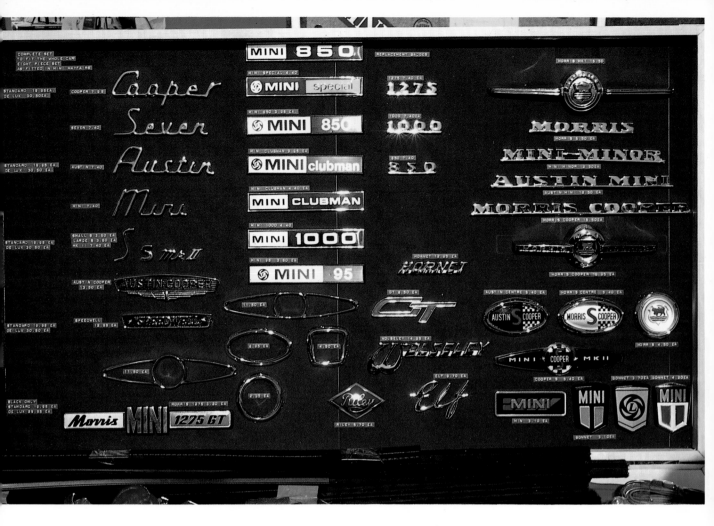

La diversité des insignes et écussons indique la richesse du catalogue Mini.

Dans les années soixante, les services commerciaux et du marketing ne connaissaient certes pas l'influence qui est la leur aujourd'hui, mais le marché n'était pas aussi saturé : Il commença à se modifier à l'aube des années soixante-dix, la production devant s'adapter au désir de la clientèle. On recensait alors en Grande-Bretagne plus de six mille concessionnaires indépendants Austin, Morris, Riley ou Wolseley. Leur concurrence féroce est à l'origine de la prolifération des modèles de Mini. Les années soixante furent aussi les années Cooper. Les succès en compétition confortèrent l'image de marque de la Mini, et la sortie, en 1969, du film *The Italian*

Job, dans lequel s'exprimaient la vitesse et l'agilité de trois de ces voitures, suscita l'engouement pour les Mini rouges, blanches et bleues...

1969 vit le lancement de la Clubman, occasion pour BMC de faire passer la Mini pour plus grosse qu'elle n'était... afin de justifier une augmentation de son prix d'achat. Mais un œil connaisseur savait apprécier le subterfuge : l'intérieur n'avait pas gagné un seul centimètre !

Après la fusion de BMC et de Leyland Cars – qui donna British Leyland (BL) –, au début des années

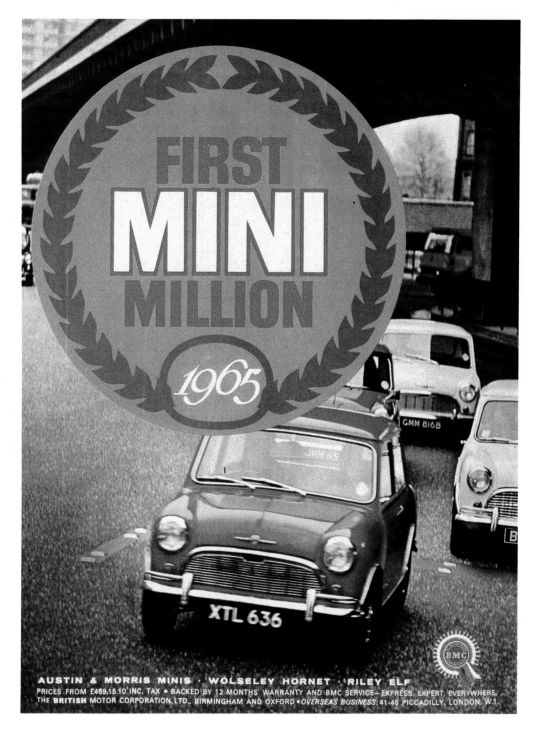

FIRST MINI MILLION 1965

AUSTIN & MORRIS MINIS · WOLSELEY HORNET · RILEY ELF
PRICES FROM £469.15.10 INC. TAX · BACKED BY 12 MONTHS' WARRANTY AND BMC SERVICE—EXPRESS, EXPERT, EVERYWHERE.
THE **BRITISH** MOTOR CORPORATION LTD., BIRMINGHAM AND OXFORD · OVERSEAS BUSINESS: 41-46 PICCADILLY, LONDON, W.1.

Ci-contre :
« Le premier million
de voitures. »
La publicité est encore
au premier degré,
simple, descriptive,
typique des années
soixante.

A droite :
Les brochures présentent
le même caractère de
« réclame » que les
publicités.

soixante-dix, sous la pression des responsables financiers, la 1275 GT remplaça la Cooper : la Cooper S n'était plus fabriquée qu'à vingt-trois exemplaires par semaine, de plus British Leyland devait reverser des royalties à John Cooper sur une voiture dont la marge bénéficiaire était très réduite. En outre, le nouveau patron de BL, Lord Stokes ne s'intéressait pas aux performances ; il ferma peu après le département compétition dont les succès étaient pourtant unanimement reconnus. On mit dès lors l'accent publicitaire sur le caractère du produit et non plus sur ses performances. Il devenait d'ailleurs difficile de s'appuyer exclusivement sur les qualités pratiques et techniques de la Mini dans le marché encombré des années soixante-dix. Désormais, le public choisissait ses voitures pour

AUSTIN **Mini Cooper** Mk II
Mini Cooper 'S' Mk II

des raisons à la fois rationnelles et émotionnelles ; et la Mini ne manquait pas de charme ! British Leyland utilisa donc l'image flatteuse de la Mini. La publicité s'efforça de toucher une nouvelle catégorie d'acheteurs, qui devenait majoritaire, les femmes, en utilisant des arguments fondés sur la sensibilité et l'humour : « Les Mini, elles aussi, éprouvent des sentiments. » Plus tard, en 1987, on trouvera dans la presse une publicité inspirée d'un fait divers – un chien, un Danois, était tombé de 10 mètres de haut sur le toit d'une Mini – et mettant en scène une Mini toute étourdie, avec cette légende : « Et la Mini, quelqu'un a-t-il pensé à la Mini ? »

Sortie en 1981, la nouvelle Austin Rover aurait dû s'appeler Metro, mais ce nom ayant été déposé par un autre constructeur, la voiture fut baptisée « Mini Metro » ! On pensa logiquement que la nouvelle venue allait remplacer la Mini. Mais une étude de marché réalisée par Austin Rover démontra que la clientèle potentielle de la Mini n'était pas prête de disparaître. Les modèles Mini et Mini Metro coexistèrent donc. Ils ne s'adressaient pas à la même population : les modèles trois portes, plus ou moins puissants, s'adressaient à de jeunes couples avec des enfants en bas âge, à la recherche d'une première voiture. L'acheteur type de la Mini ne voulait pas d'une voiture à hayon, ni de l'image qui s'y rattache. La Mini était d'ailleurs souvent une seconde voiture.

A l'aide des séries limitées, Austin Rover a su provoquer, chaque fois que cela s'avérait nécessaire, un regain d'intérêt pour la Mini, et quand ces séries étaient épuisées, l'acheteur se tournait bien souvent vers un modèle standard comme la City ou la Mayfair.

D'aucuns ont prétendu que la Mini n'avait jamais rapporté d'argent à la firme et qu'elle était même

En 1979, cette campagne fit scandale : Ronald Biggs est le cerveau de la fameuse attaque du train postal !

fabriquée à perte. Ces hypothèses se fondaient sur l'interprétation du rapport financier effectué au moment de la fusion entre BMC et Leyland Cars, à la fin des années soixante. Il est toutefois permis de croire qu'un modèle ne dégageant pas de bénéfices, s'appelât-il Mini, eût été rapidement retiré de la production. Aujourd'hui, la Mini rapporte de l'argent à Austin Rover et il est plus que probable qu'il en ait toujours été ainsi.

A l'origine, l'équipement de la Mini était rudimentaire. Très vite, on vit fleurir toute une gamme d'accessoires spécialement conçus pour la Mini, grâce auxquels, pour une somme modique, on pouvait personnaliser sa voiture. L'habitacle fut le premier à bénéficier de l'attention du propriétaire de Mini : celui qui possédait de longues jambes achetait pour quelques dizaines de francs de l'époque un dispositif permettant de reculer les sièges à sa convenance ; un levier de vitesses reculé à la place de la « grande aiguille à tricoter » coûtait de cent à trois cents francs selon le modèle ; on pouvait remplacer les cordons d'ouverture des portes par des poignées, embellir le tableau de bord, etc. Une entreprise, LMB, proposait même une extension du coffre en résine et fibre de verre, copiée sur celui des Elf et des Hornet ; S Reid Ltd, lui, vendait des valises adaptées au coffre standard et Harper, une galerie de toit en résine et fibre de verre ; Webasto, un toit ouvrant et Linton, des vitres descendantes. Bref, on vouait un véritable culte à cette petite voiture.

La carrosserie, elle aussi, fut la proie des accessoiristes. L'acteur Peter Sellers popularisa la décoration des flancs de la voiture avec de l'osier tressé ; on pouvait apposer une affichette qui, sur la vitre arrière, précisait aux autres conducteurs l'agilité avec laquelle une Mini se faufilait : « C'est une Mini, elle vous a eu ! » Mais à force d'utiliser ainsi la souplesse, la nervosité, la maniabilité de cette petite voiture, l'image de marque du conducteur de Mini en souffrit : il eut même

Humour et jeux de mots.

*La Mini Park Lane, série limitée, bien loin
de la voiture populaire chère à Alec Issigonis !*

une méchante réputation. C'est ainsi qu'on pouvait
lire dans la revue *Autocar* du 10 juillet 1964 :
« Certains conducteurs de Mini outrepassent leurs
droits en profitant de l'agilité et de la petite taille
de leur voiture. » Quelques pages plus loin, Daniel
Richmond, célèbre préparateur, se montrait plus
acerbe et plus précis : « Il faut avouer que les
habitudes déplorables de quelques-uns font naître
des sentiments hostiles chez bien des conducteurs.
Usant et abusant des accélérations et de la tenue
de route de la Mini, ils se livrent, au mépris de
toute courtoisie, à des excentricités plus
spectaculaires que dangereuses. Ils ont trouvé là
un moyen de satisfaire leur exhibitionnisme,
singeant les Mini de compétition, affublant leurs
véhicules de numéros sur les portes, de drapeaux
à damiers, d'échappements bruyants.
Ils contribuent ainsi à donner une mauvaise image

de la Mini et de toute l'industrie liée à la
préparation et à la compétition. »
    A la fin des années soixante, il était de plus en
plus à la mode de préparer sa Mini « à la sportive ».
On pouvait acheter des roues en alliage
d'aluminium Cosmic de 4,5 pouces de largeur pour
500 francs les cinq, un avant profilé adaptable sur
les ailes d'origine pour une somme équivalente, des
enjoliveurs en métal pour les roues, des housses de
siège rembourrées comme sur un baquet...
Ce marché de l'accessoire est certainement
beaucoup moins florissant de nos jours, mais un
propriétaire de Mini a toujours l'embarras du choix
s'il décide de personnaliser sa voiture.

Ci-dessous :
L'intérieur de la Margrave :
somptueux !

Ci-dessus :
La Mini Advantage.

Double page suivante :
Incandescente ou noire comme de
l'encre.

Mary Quant et sa Mini « Designer ».

La Mini Piccadilly sur la place du même nom !

Ci-dessous :
*1984 : vingt-cinquième anniversaire
de la Mini et élection de Miss
Mini 25.*

Ci-contre :
*L'intérieur très luxueux de la
Mini 25. Pour avoir mieux,
il faudra attendre la Mini 30.*

Ci-dessus :
La Mini City, un excellent rapport qualité-prix.

A droite, en haut :
La Mini Mayfair, le luxe pour un prix raisonnable.

Ci-contre :
Dès sa naissance, la Mini a fait le bonheur des accessoiristes.

A	STYLA Radiator Grille, Anodised Aluminium, complete with Medallion A or M. SRG.1.
B	STYLA Spotlight, moveable. Chrome Plated Brass. SSP.1A.
C	STYLA Tyre Trims. Pure White Rubber. Set of four. STT.7.
D	STYLA Spinners, SP.6. Anodised Aluminium, complete with Medallions A or M. Set of four.
E	STYLA Flyte Discs. Anodised Aluminium, complete with Red Background. SP.6 Spinners and Medallions A or M. Set of four. SFD.7.
F	STYLA Spinners, SP.1. Chrome Plated Brass, complete with STYLA Medallions. Set of four.
G	STYLA Sportsdiscs. Anodised Aluminium, complete with STYLA Medallions. Set of four. SAD.7.
H	STYLA Turbine Discs. Anodised Aluminium, complete with SP.6 Spinners and Medallions A or M. Set of four. STD.7.
I	STYLA Clearvue. Anti-condensation Shield 10" x 25" Each. SAC.1.
J	STYLA Spotlamp. Chrome Plated Brass, complete with Bracket. Each. SSP.2.
K	STYLA Spinners, SP.3. Chrome Plated Brass, complete with STYLA Medallions. Set of four.
L	STYLA Spinners, SP.4. Chrome Plated Brass, complete with STYLA Medallions. Set of four.

M STYLA Spinners, SP.2. Chrome Plated Brass, complete with STYLA Medallions. Set of four.

N STYLA Stainless Steel Strip. Complete with Clips. Set of six. SSS.MA.1.

O STYLA Tailor-made Mudflaps. Pure White Rubber, complete with fixing brackets. Pair. SMFT.6W.

P STYLA Universal Mudflaps. Pure Rubber, complete with Anodised Aluminium Decor and necessary fixing brackets. Pair. SMF.3W. Gold or Chrome.

Q STYLA Chrome Strip, 2 in. Mylar Plastic Chrome Strip, self-adhesive. 25 ft. rolls.

R STYLA Chrome Strip, 1 in. Mylar Plastic Chrome Strip, self-adhesive. 25 ft. rolls.

S STYLA Chevrons, 2 in. Chrome or Gold. Set of six. SC.1C or SC.1G.

T STYLA "M.1" Anti-vibration Mirror. Chrome Plated Brass. Each. SM.2.

U STYLA Universal Mudflaps. Standard Black Rubber. Pair. SMF.1B.

*V STYLA Tailor-made Mudflaps. Black Rubber with White Inserts. Pair. SMFT.6B.

W STYLA Tailor-made Mudflaps. Black Rubber, complete with Reflector. Pair. SMFT.6R.

* Also with word 'Mini' embossed on flap

Ci-dessus, ci-contre et ci-dessous :
Une Austin de 1960 ; les accessoires sont d'époque.

Des hommes

Alexander Arnold Constantine Issigonis naquit
le 18 novembre 1906. Cette même année, Herbert
Austin lançait sa première voiture, à Longbridge,
une vingt chevaux à transmission par chaîne,
technologiquement bien éloignée d'une voiture
moderne. Au cours de sa carrière, Issigonis
bouscula maints concepts. Ses idées font partie
du patrimoine technologique des véhicules conçus
pour notre temps. Il est peu probable que l'industrie
automobile connaisse à nouveau un homme de
sa trempe car, s'il s'appuyait bien sur un bureau
d'études, la décision finale lui appartenait et
il en portait toute la responsabilité. La Mini est
assurément son « enfant », même si, par la suite,
beaucoup ont contribué à la faire évoluer. Quand
la Mini fut lancée, Issigonis était âgé de 53 ans.
Il occupait un poste important au sein de BMC et
n'avait de compte à rendre qu'au directeur-
administrateur.

Mais revenons en arrière. Issigonis était né à
Smyrne – maintenant Izmir –, en Turquie, dans une
famille aisée , propriétaire d'un chantier naval.
Enfant, il voulait déjà devenir ingénieur. Pendant la
Première Guerre mondiale, le chantier naval
familial fut réquisitionné par les Allemands après
que le père d'Alex Issigonis eut refusé de réparer
leurs U boot. A la fin de la guerre, Smyrne devint
territoire grec, et le chantier Issigonis reprit ses
activités. Mais en 1922, les troupes turques
envahirent la région ; la famille Issigonis, fuyant
aux côtés des ressortissants britanniques, fut
évacuée par la Royal Navy vers Malte où le père
mourut. A l'âge de seize ans, sans argent,

Un museau des plus inhabituels !

Ci-contre :
Les extensions d'ailes ont toujours
eu du succès.

A droite :
Les voitures récentes, comme les
modèles anciens, sont une aubaine
pour les accessoiristes.

Alec partit pour l'Angleterre en compagnie de sa mère.

Cette enfance mouvementée n'avait guère laissé le temps au jeune Issigonis d'entreprendre des études. Il rentra alors à l'école polytechnique de Battersea où il étudia pendant trois ans pour devenir ingénieur. Bien qu'il détestât les mathématiques, qu'il jugeait trop abstraites, il réussit dans ses examens. Issigonis garda toute sa vie ce sens pratique, hérité des difficultés rencontrées pendant son enfance, qui lui permettait de tirer le meilleur parti des situations. Plus tard, il voulut construire une voiture vraiment populaire et non pas une voiture réservée à une élite.

Il fit ensuite le tour de l'Europe, en compagnie de sa mère, dans la voiture qu'elle lui avait achetée, une Singer. Ce voyage devait être plein d'enseignements. Puis il s'engagea en compétition au volant de son Issigonis « Lighweight Special ». A l'âge de 22 ans, il entra comme dessinateur dans une petite entreprise londonienne de construction

Issigonis pourrait être fier d'avoir apporté tant de joie à tant de conducteurs.

mécanique. En 1934, il rejoignait le bureau d'études de la firme automobile Humber et, deux ans plus tard, Morris, alors le plus important constructeur britannique, le recrutait. Il commença par dessiner des essieux-moteur à l'usine de Cowley, Oxfordshire ; deux ans après, il poursuivait ses propres recherches. Très vite, il disposa de son équipe qu'il mit à l'étude d'une voiture entièrement nouvelle.

La Seconde Guerre mondiale fut pour Issigonis une période de gestation. En 1948, la Morris Minor fut lancée : pour la première fois, une voiture britannique allait dépasser le million d'exemplaires. En 1952, Issigonis s'en fut chez Alvis : Morris Motors venait de fusionner avec Austin Motor Company pour former BMC, et Issigonis désapprouvait l'organisation de la nouvelle compagnie. Chez Alvis, Issigonis s'attela à la conception d'une berline sportive. Il y travailla pendant quatre ans, en pure perte car son projet fut refusé.

Il retrouva alors le chemin de BMC, en 1956, à l'invitation de Leonard Lord, où, à nouveau, il dirigea sa propre équipe. C'est alors que la crise de Suez éclata, l'approvisionnement en pétrole du Moyen-Orient fut coupé et le carburant automobile rationné en Europe. On vit fleurir dans les rues du Royaume-Uni des voiturettes étrangères. La confiance d'Issigonis dans son propre jugement ne datait pas de la veille. Il avait, au reste, démontré sa valeur avec la Morris Minor alors que les autres constructeurs, dans l'euphorie de l'après-guerre, croyaient à de grosses voitures luxueuses. Issigonis se lança tête baissée dans l'étude de la Mini ; il exigeait de son équipe la même conviction que la sienne, et malheur à celui qui le contredisait ! Il travaillait de façon bien peu conventionnelle, exprimant des idées complexes sous forme de notes griffonnées sur tout ce qui lui tombait sous la main. John Cooper se souvient d'un déjeuner au cours duquel Issigonis fit des croquis sur la nappe. Quand ils quittèrent la table, ce dernier emporta ses idées sous le bras !

Le contrôle exercé par Issigonis ne s'arrêtait pas à la conception de la Mini. Il portait également sur sa fabrication. Omniprésent, il désignait au hasard une voiture sortant de la chaîne, et l'essayait personnellement. On fixait alors sur le véhicule choisi des plaques d'immatriculation provisoires, on remplissait le réservoir d'essence puis la voiture démarrait à la poussette. Si, au retour, Issigonis avait à se plaindre, le responsable passait un mauvais quart d'heure ! Le sens pratique qu'il déployait, son expérience et son enthousiasme firent des miracles. En seize mois, il put présenter une voiture achevée à Léonard Lord dans laquelle il lui fit faire le tour de l'usine de Longbridge puis il le déposa devant la porte de son bureau. Pour tout commentaire, Lord lâcha ces quelques mots : « Alec, je veux que cette voiture sorte des chaînes dans un an, débrouillez-vous ! »

Issigonis conçut successivement la 1100, la 1300, la 1800 et l'Austin Maxi, pour le plus grand profit de BMC. Il s'attela également à des projets moins glorieux tels que la Mini à vapeur. Les machines à vapeur le fascinaient. Lorsqu'il prit sa retraite, il passa une bonne partie de son temps à construire des modèles réduits de locomotives à vapeur.

Cette confiance en lui-même, cette volonté, cette exigence qui l'amenaient à tout contrôler, constituaient parfois un handicap. Le monde de l'automobile changeait de plus en plus, les tâches se fractionnaient. En 1968, BMC fusionna avec Leyland Cars pour devenir British Leyland. Le nouveau président, Lord Stokes, avait des idées bien arrêtées. Depuis quelques mois, Issigonis travaillait sur la remplaçante de la Mini, la 9X, un projet de voiture de même taille, dotée d'un hayon arrière. Lord Stokes mit un terme à cette étude, jugeant que le public souhaitait des grosses voitures. Remplacer l'Austin Maxi, vieillissante, lui paraissait urgent. Bien peu, alors, pressentaient l'engouement

Issigonis peut être fier d'avoir apporté tant de joie aux automobilistes !

Cette Mayfair est équipée d'accessoires de facture récente.

prochain pour des voitures moyennes, économiques... et munies d'un hayon ! En 1969, Issigonis fut fait chevalier pour services rendus à l'industrie automobile et, deux ans plus tard, il prenait sa retraite. Il avait 65 ans. En règle générale, on reçoit à cette occasion, en cadeau de départ, une montre en or ; Issigonis, lui, demanda – et obtint – le plus grand jeu de Meccano que l'on pût acheter ! Il ressentait une grande amertume en pensant au projet 9X. Dix ans plus tard, il déclarait même que si le projet n'avait pas été enterré, l'industrie automobile britannique ne se trouverait pas dans la situation déplorable qu'elle connaissait.

John Newton Cooper naquit le 17 juillet 1932, à Kingston, Surrey. Son père, Charles Newton Cooper, était un ingénieur respecté de l'industrie automobile. A l'âge de douze ans, John Cooper pilotait une voiture que son père lui avait construite, sur le circuit de Brooklands ; elle pouvait atteindre 145 km/h. Ce même jour, il vantait les mérites de son Austin Seven modifiée à son ami, qui n'était autre que Donald Campbell, futur pilote de l'*Oiseau Bleu*.

Cooper rencontra Alec Issigonis en 1946. Celui-ci pilotait sa « Lightweight Special ». En avance sur son temps, cette monoplace disposait d'éléments de suspension en caoutchouc. Leur amitié se développa surtout lorsque Cooper utilisa le moteur série A dans des voitures de course de Formule Junior. Issigonis lui montra ses projets et, plus tard, les prototypes de la Mini. Des discussions sans fin s'ensuivirent. Cooper se rendit au Grand Prix d'Italie de 1959 avec un prototype Mini qui fit une certaine impression ! Aurelio Lampredi, ingénieur motoriste chez Ferrari, voulut essayer la voiture. A son retour, il avoua à John Cooper :

Issigonis et son prototype de Mini équipé d'un moteur à vapeur.

A gauche :
Le S qui fait toute la différence !

Ci-contre :
*John Cooper, aussi enthousiaste
aujourd'hui qu'il y a quarante ans !*

Ci-dessous :
La voiture de police idéale !

« Si cette voiture n'était pas aussi laide, je me tirerais une balle dans la tête. » Il ajouta : « C'est la voiture de demain. » Aurelio Lampredi était habitué au monde des Ferrari : à l'évidence, la Mini n'était pas exactement son genre de beauté...

John Cooper proposa à Issigonis de préparer la Mini de façon à en augmenter les performances. Issigonis hésita : la Mini était avant tout une petite voiture économique. Cooper insista : tous les pilotes de course et leurs mécaniciens possédaient des Mini, pourquoi ne pas faire une « petite bombe » pour les copains ? Issigonis accepta. Ils demandèrent l'autorisation au « proviseur » – c'est ainsi qu'ils surnommaient le patron de BMC, George

Harriman – qui consentit. Moins de deux semaines plus tard, John Cooper présentait à George Harriman une Mini équipée d'un moteur série A Formule Junior et de freins à disques Lockheed. A la fin de l'essai, Harriman donna son accord pour qu'on en fabrique quelques-unes. Il trouvait, en revanche, ridicule l'idée de Cooper qui voulait en produire mille exemplaires, car, pensait-il, il ne s'en

Ci-dessous :
Une Cooper Mk II.

A droite :
La Cooper S Mk II possédait un écusson caractéristique.

vendrait pas autant. Quand on arrêta la production de la Mini Cooper, cent cinquante mille exemplaires environ étaient sortis des chaînes !

John Cooper fut promu ingénieur-conseil. Il se rendait chez BMC au moins une fois par semaine, chaque fois que sa carrière de pilote de course le lui permettait. La Cooper originale était une machine assez simple ; elle faisait appel à l'expérience de John Cooper en matière de moteur série A. La Cooper S était bien plus sophistiquée ; elle s'adressait plus précisément aux amateurs de compétition. L'expérience acquise en courses et en rallyes était directement transmise à l'usine afin de faire évoluer les modèles commercialisés. De tous les succès remportés par les Mini Cooper en compétition, John Cooper est tout particulièrement fier des trois victoires (officielles) au rallye de Monte-Carlo car elles équilibrent les trois victoires de ses Cooper Grand Prix à Monaco.

John Cooper faillit perdre la vie dans un accident impliquant une Mini bimoteur. Il voulait fabriquer une telle voiture pour courir en rallye et en avait parlé à Issigonis qui travaillait, lui aussi, sur un projet similaire mais destiné à un usage militaire. La Mini et la Moke bimoteur sortirent des ateliers en même temps. La Moke bimoteur surpassait nombre de ses rivales dans les essais d'endurance, hélas, elle ne pouvait emporter une charge utile suffisante pour les militaires. BMC était sur le point d'engager la Mini bimoteur en rallye quand se produisit l'accident de John Cooper. Le projet fut immédiatement enterré par George Harriman qui, au reste, ne l'aimait guère, car il estimait que BMC devait faire courir des véhicules identiques à ceux qu'il vendait. Aujourd'hui encore, John Cooper pense que la Mini bimoteur est un concept viable.

La Mini Cooper fut la première berline hautes performances à être produite en série. Elle fit le lien entre les anciennes voitures de sport deux places et

Une Cooper S Mk II.

les voitures modernes, compactes, telles la Golf GTI. Durant les dix années au cours desquelles la Mini Cooper fut produite, John Cooper reçut environ 30 F par voiture fabriquée. Il n'y avait pas eu de contrat, une simple poignée de main avait scellé l'accord. On prétexta que le nom de Cooper incitait les compagnies d'assurances à exiger des primes élevées pour supprimer ce patronyme. La 1275 GT, qui lui succéda, aux yeux des mêmes assureurs,

Ci-dessous :
La Mk III S, la dernière des Cooper.

A droite, en haut :
L'Innocenti Cooper – noter les roues et les élargisseurs d'ailes.

A droite, en bas :
Une Riley Elf Mk III – la plus luxueuse de toutes les Mini de série.

n'était rien d'autre qu'une Cooper déguisée... Lord Stokes ne voyait pas pourquoi une firme qui employait cent cinquante mille personnes aurait eu besoin d'ingénieurs-conseils tels que John Cooper. Ce dernier proposa alors que BL continuât à fabriquer des Cooper sans lui verser de royalties, mais Stokes se montra inflexible. Le nom de Cooper orna, pour quelque temps encore, les Mini Innocenti 1300.

Ci-contre :
Cuir et bois, le luxe !

Ci-dessous :
Trois des cabriolets du concours Heinz lors d'un rassemblement.

Une Mini Radford. Ce modèle de luxe était fabriqué avec un soin digne d'une limousine.

Ci-contre :
La première Clubman modifiée par
Wood & Pickett.

Ci-dessus :
Le magnifique habitacle de
la Clubman Wood & Pickett.
La qualité de l'exécution fit
la réputation de la firme.

Double page suivante :
Une Wood & Pickett Margrave.

Ci-contre :
L'élégance, jusque dans l'écusson.

Ci-dessus :
La supression des joints debout de
la carrosserie adoucit ses lignes.

Ci-dessous :
Série limitée, toujours, la Mini Ritz.

Ci-contre et ci-dessous :
Une Wood & Pickett contemporaine
appartenant à Jeffrey Archer.

Des voitures

La Mini a beaucoup évolué depuis son lancement. British Leyland puis le groupe Rover ont fabriqué des séries limitées plus luxueuses les unes que les autres. Les propriétaires eux-mêmes ajoutaient une touche de luxe à leurs véhicules. Les plus riches faisaient appel à des carrossiers spécialisés qui transformaient ces voitures populaires en de véritables petites limousines. Pourtant, même parées de ronce de noyer et de cuir Connoly, elles demeuraient des Mini. Ces carrossiers florissaient dans les années soixante. La firme Hooper Motor Services para d'osier tressé les flancs de la Mini Cooper de Peter Sellers pour la modique somme de 40 000 francs de l'époque (cinq fois le prix d'une Cooper standard). Crayford Engineering proposait une option cabriolet pour 2 000 francs environ. La même entreprise construisit cinquante-sept Wolseley Hornet décapotables pour un concours organisé par la firme Heinz 57. Crayford, toujours, proposait la Viking Hornet décapotable, pour un supplément de 10 000 francs environ ; elle recevait un moteur plus performant et pas moins de vingt-deux équipements.

Les spécialistes les plus réputés furent sans conteste Harold Radford Ltd et Wood & Pickett. La clientèle de Radford était faite de princes arabes, de vedettes de cinéma et de la chanson qui n'hésitaient pas à payer deux fois ou plus le prix d'une Mini pour obtenir le luxe qu'ils souhaitaient. Le catalogue Radford comptait un cabriolet standard, la Mini de ville, mais la firme se pliait à la moindre de vos exigences, qu'il s'agit d'un

British Leyland avait envisagé d'ajouter une malle arrière à la Clubman, mais cette luxueuse transformation est l'œuvre d'un particulier.

Les heures ne comptent pas lorsqu'on travaille pour soi.

lavabo intégré avec l'eau courante ou d'un coffret à maquillage entouré d'une rampe fluorescente, voire d'un magnétophone intégré pour dicter son courrier. Wood & Pickett était né du mécontentement d'employés de Hooper qui fondèrent leur propre entreprise. Celle-ci, à l'inverse de beaucoup d'autres, existe toujours. A la fin des années soixante, Wood & Pickett comptait deux cents « conversions ». Leurs clients : les Rolling Stones, les Bee Gees, l'Aga Khan... L'exécution était parfaite et les prix élevés (1 600 francs de l'époque environ pour une peinture, 2 600 francs pour un tableau de bord et 2 800 francs pour des lève-vitres

électriques). Comme Radford Ltd, Wood & Pickett avait dans son catalogue une version standard, la Margrave, et plus de soixante-dix options. Actuellement, une Mini Wood & Pickett munie de toutes les options coûte quatre fois le prix d'une Mini Mayfair.

Si l'intérieur de la Mini inspira les créateurs, l'extérieur ne les laissa pas indifférents. La Mini fut surbaissée, allongée, rehaussée, élargie, raccourcie, par des particuliers habiles et par des carrossiers spécialisés. Pendant les années soixante, cinquante exemplaires du Wildgoose Mini Motorhome furent réalisés à Worthing. L'idée était excellente mais la complexité de la transformation la rendait très onéreuse... Stewart et Arden, les plus importants

On a greffé sur cette Mini des sièges et un tableau de bord de Jaguar.

concessionnaires Morris de la fin des années soixante, produisaient la Mini Sprint et la Mini Sprint GT. Les joints de la carrosserie avaient disparu, les phares étaient de forme carrée et, surtout, les voitures étaient surbaissées. La GT perdait 4 centimètres du plancher à la ceinture de caisse et 4 centimètres de celle-ci au toit. Le toit lui-même perdait 3 centimètres de hauteur. La transformation nécessitait cent cinquante heures de travail, le prix était environ deux fois plus élevé que celui d'une Mini standard.

La plus intéressante de toutes ces transformations, produite par David Ogle, comprenait une carrosserie sport remplaçant la carrosserie d'origine. Soixante-six exemplaires seulement furent produits : David Ogle se tua au volant d'une de ses voitures en se rendant sur le circuit de Brands Hatch. La carrosserie seule valait le prix d'une Cooper standard.

Aujourd'hui, deux spécialistes proposent toujours des transformations sur une base de Mini. La Scamp, produite à Brookwood, Surrey, est un véhicule dans l'esprit de la Mini Moke, luxueusement équipé. Le modèle à six roues est particulièrement spacieux. La GTM est, elle, fabriquée à Loughborough, Leicestershire. C'est une petite voiture de sport à moteur central arrière, dotée d'une jolie ligne en plus de la tenue de route et des performances de la Mini. Dernière en date, la Mini Pimlico, un cabriolet remis au goût du jour.

La firme italienne Innocenti, à Milan, spécialisée dans le scooter, fabriqua des Mini sur licence à partir de 1965 qui connurent le succès. British Leyland prit le contrôle d'Innocenti en 1972. En 1974, la firme proposa deux trois portes, les Innocenti 90 (998 cm^3) et 120 (1 275 cm^3), carrossées par Bertone. Quelque temps après, British Leyland se retira de la firme qui fut reprise par de Tomaso. L'Innocenti de Tomaso se distingue par ses volumineux pare-chocs, sa prise d'air sur le capot et ses roues en aluminium.

Une des Mini spéciales les plus réussies – la Ogle.

Partout dans le monde, la Mini est un véritable objet de culte. En Allemagne, par exemple, il n'existe pas moins de trente clubs de fervents adeptes. En Europe, les Mini sont souvent des « agneaux déguisés en loups » car la législation interdit les préparations-moteur. En revanche, roues larges, extensions d'ailes, peintures extravagantes et autres équipements musicaux abondent. Après l'Angleterre, c'est en France que se vend le plus de Mini. En revanche, l'Amérique du Nord n'est pas sa terre d'élection : malgré plusieurs tentatives d'implantation, il existerait seulement cinq mille exemplaires aux Etats-Unis et un ou deux clubs.

En Australie, elle était très populaire. Une unité fut même implantée, de 1961 à 1964, qui assemblait la Morris 850 à partir d'éléments

fabriqués en Angleterre. La Cooper fut fabriquée sur place à partir de 1963 et la Cooper S à partir de 1965. La 1275 GT, qui prit la relève, disposait là-bas d'un moteur aux caractéristiques Cooper S, complet, avec ses deux carburateurs SU-32 mm. La Clubman 1275 LS marqua la fin de la production australienne de la Mini et, à cette occasion, quatre cents exemplaires furent peints en or et argent.

En Nouvelle-Zélande aussi, la Mini jouissait d'une grande popularité. Un long métrage réalisé en 1980 par la New Zealand Film Corporation, *Good bye Pork Pie*, retrace l'épopée d'une Mini de couleur jaune poursuivie par la police à travers le pays ! Les Japonais, eux, s'arrachent tout ce qu'Austin Rover peut exporter. Ils sont très friands des anciens modèles, des Cooper particulièrement, et, à l'inverse des Européens, les préfèrent très dépouillées, proches des modèles originaux. Ils vont jusqu'à remplacer les tableaux de bord modernes par le tableau ovale, au centre de la planche.

La carrière sportive de la Mini a joué un grand rôle dans l'évolution de son caractère. Elle s'adaptait merveilleusement à toutes les formes de compétition. De plus, c'était une voiture facile à préparer, à modifier. Le Club Mini Seven 7 fut fondé par des amateurs au début des années soixante. En 1965, la formule Mini Seven 7, peu onéreuse, fut créée en réaction aux catégories « voiture de production » qui réclamaient de gros

Trop cher, le Wildgoose Motorhome s'est assez peu vendu.

Ci-dessous :
Elle répond au nom de Short &
Sweet (petite mais mignonne).

Ci-contre :
On ne passe pas inaperçu au volant
de cette Mini.

A gauche :
Un modèle unique M.P. Motors.

Ci-contre :
Celle-ci est baptisée justement
Austin-tatious (ostentatoire).

Ci-dessous :
Pour couvrir le train de pneus,
énormes, ce cabriolet a « enflé »
de vingt centimètres !

A gauche :
La voiture la plus basse du monde, homologuée
Claustrophobia.

Ci-dessus :
Un projet d'école – Mini Mouse – à l'échelle 1/2.

investissements. La formule eut du succès et, dès la
fin de la saison 1966, soixante-dix concurrents
disputaient chaque épreuve.

En 1969, une nouvelle formule vit le jour, à mi-
chemin entre la formule Mini 7 et la formule
Production : la Mini Miglia Formula 1000 cm³.
En 1976, Leyland Cars offrit son soutien aux deux
formules Mini 7 et Mini Miglia. En contrepartie,
l'administration du Challenge 1275 GT, patronée
par Leyland Cars, reviendrait au Club Mini 7.
La formule Mini Miglia, rebaptisée Mini 1000, se
transforma en un championnat, plus professionnel
et très contesté, de dimension nationale. La formule
Mini 7, si elle était toujours destinée aux amateurs,
bénéficia d'une attention accrue. Le Challenge 1275
GT connut des fortunes diverses. Mais les deux
autres formules amateurs Mini 7 et Mini 1000 ont
franchi avec brio le cap des années quatre-vingt.
Ces dernières années, les organisateurs ont tenté,
en raison des progrès techniques dans le domaine
des pneumatiques, des suspensions et de la

préparation des moteurs, de réduire la vitesse des voitures en compétition. Mais ce fut peine perdue : en dépit des règlements contraignants, une « bonne » Mini 7 développe 85-90 ch au vilebrequin et atteint 190 km/h.

La bonne tenue de route de la Mini est mise à rude épreuve en Mini cross. Cette discipline vit le jour il y a une dizaine d'années, à la suite de la publication d'une petite annonce qui appelait des concurrents pour une épreuve sur piste en herbe. Le Mini cross fait appel à des Mini de 850 cm³ de cylindrée. Seules certaines modifications sont autorisées. Les épreuves se déroulent sur une piste

Une superbe Mini à construire soi-même : la GTM.

ovale matérialisée dans un champ. L'ordre de départ est déterminé par les résultats ; les meilleurs pilotes partent en dernière ligne. Dans ces conditions, les courses sont passionnantes et très disputées.

La Mini fut également une voiture de rallye. Qu'un si petit véhicule terrasse les plus grands constructeurs, cela renforça son succès commercial. Elle atteignit le sommet de la gloire dans le rallye de Monte-Carlo. En 1964, Paddy Hopkirk remporta l'épreuve à bord d'une Cooper S de 1071 cm³. En 1965, Timo Makinen fut vainqueur au volant de sa 1275 S. Trente-cinq voitures seulement sur deux cent trente-sept présentes au départ figurèrent à l'arrivée cette année-là, en raison de conditions météréologiques épouvantables. En 1966, les

première, deuxième et troisième places furent prises par une Mini, mais les Français, à la suite de manœuvres partisanes, et pour une obscure raison de phares, parvinrent à faire disqualifier les petites anglaises. Au vrai, ils ne pouvaient admettre qu'une humble Mini soufflât la victoire à des marques telles que Porsche ou Saab ! L'affaire fit grand bruit. John Cooper, devant la tournure des événements, téléphona à George Harriman, patron de BMC, qui lui répondit : « Qu'importe, nous avons gagné, non ? » On parla de boycotter l'épreuve l'année suivante ; finalement, BMC décida de prouver que la Mini était la meilleure : en 1967, après une exceptionnelle démonstration de pilotage, Rauno Aaltonen l'emporta de 13 secondes seulement sur une Lancia. Les Cooper s'illustrèrent encore dans de nombreuses épreuves. Les modèles de l'écurie BMC n'étaient guère différents de ceux que la marque proposait au public. Pour le double de la valeur d'une Cooper standard, on pouvait acquérir une Cooper d'usine ou encore, pour 3 000 francs environ, un moteur « usine ». Et si on trouvait tout cela trop cher, on achetait alors la barre de support des phares auxiliaires, qui coûtait 90 francs. Ces véhicules de l'écurie d'usine sont très recherchés : l'un d'entre eux a récemment atteint la coquette somme de 100 000 francs.

Le moteur se trouve à l'arrière sur la GTM.

Ci-dessous :
La Hustler à six roues.

A droite, en haut :
La gamme Innocenti – au milieu, les 3 portes Bertone.

A droite, en bas :
Innocenti 120 transformée, découvrable.

Ci-contre :
L'intérieur de l'Innocenti 120.

Ci-dessus :
Une sportive : l'Innocenti de Tomaso.

A gauche, en bas :
L'actrice principale du film néo-
zélandais Good bye Pork-Pie.

エクステリアで主張するあなただけのミニに、街が注目。

ミニは小さい。だからそのままでも充分に可愛いい。しかし、ミニは小さい。だからどんなにドレスアップしても、決して下品でなく可愛いい、とも言えるのではないか。

そしてもう一つ、ミニのドレスアップの特長としてあげられることは、そのパーツの多くが長い栄光の歴史に根差して作られていることだ。あなたは一体いつのモンテカルロを、どこのサーキットをイメージしてミニを飾るのか――100人には100種類のミニがある。

●メッキドアミラー
1コ ¥3,200（左右あり）

クルマが小さい分だけ、ドアミラーは派手にする――それもおシャレだ。曲面鏡を採用した広い視野も魅力。粘着テープ止めの他、ハードな走りに安心なビス止め式もある。

●アンダーガード……M/T車用 ¥19,500
A/T車用 ¥22,000

車高の低いミニでダートを攻めるなら、絶対にこれだけは取り付けたい実質的なアクセサリー。もちろんモンテカルロで勝ったワークスカーも、同様のものを採用していた。

●ルーキブラバムマフラー（S
●アバルトマフラー（W）………
●アンサマフラー（W）………

●アルミホイール5J×12インチ1本 ¥25,000

ミニクーパーがレースやラリーで現役だった頃、ミニライトと呼ばれる素っ気ない程シンプルなデザインのホイールが良く使われた。これはそれの12インチ版として作られたレプリカ。正統的アイテムの筆頭だ。

●サンハッチ ¥60,000（シーラント）¥6,000）

陽射しをあびて走るのは、いつでも気持ちがいい。後端をチルトさせれば、ベンチレーション効果も申し分なし。

●GTフェンダーミラー（左右あり）1コ ¥4,000

ドアミラーが全盛の今だからこそ、フェンダーミラーが光る。むかしのボーイズレーサーは、みんなコイツにあこがれていたものだ。

●マークⅡメッキグリル ¥26,000
●ワンタッチグリルボタン ¥2,500

モンテカルロで活躍した頃のグリルと、当時整備性を考えて使われたグリル脱着用ボタン。クーパーSの顔になる。

MAKE YOUR OW

●オーバーフェンダー5丁ブラック‥¥17,000
クーパーS風にキメるなら、ぜひとも欲しいド
レスアップ・パーツ。走りのイメージが、いち
だんとヒカる。

●オーバーライダー1コ‥‥‥‥‥¥12,000
●オーバーライダーパイプ4本セット¥24,000
これも、クーパーS仕様には欠かせない魅力
的なパーツ。外観がいちだんと引き締まり、
ハンサム・ミニに。

●リヤワイパーキット‥‥‥‥‥‥¥15,000
かつてのミニオーナーは、ほとんどといって
よいほど装着していた。視認性の向上と、
リヤのアクセントに最適です。

で選ぶか、ルックスで選ぶかは自由。い
を選んでも、チューニングの第一歩とし
価値は充分にある一流品だ。

●BOSCHフォグランプ 1ヶ¥9,000
霧の向うにボッシュが光り、やがて
ミニが見えて来る。対向車啞然。

〈アクセサリーパーツの価格に、取り付工賃は含まれておりません。〉

Mini

Et maintenant ?

On ne saurait jurer de rien, et l'avenir n'est écrit
nulle part. Il reste que la Mini a joué un rôle
essentiel dans l'histoire de l'automobile moderne.
Le groupe Rover veille sur sa destinée et nous
assure que la voiture, qui fut peut-être la plus
populaire dans le monde, qui s'est vendue à des
millions d'exemplaires, sera fabriquée tout le temps
que le public la réclamera. Il est possible qu'un
bureaucrate zélé, soucieux de faire respecter des
normes de plus en plus sévères, signe son arrêt de
mort : la Mini peut être assurée de notre ferveur et
de notre reconnaissance éternelles.

Ci-contre :
Au Japon, Austin Rover distribue des accessoires
destinés à faire paraître les Mini récentes plus anciennes
qu'elles ne le sont en réalité.

Ci-dessous :
L'habitacle d'une Mini Miglia de compétition.

John Cooper se rappelle d'un échange entre Alec Issigonis et Pinin Farina : « Votre voiture, disait Alec, avec ses ailerons, sera démodée l'an prochain, la mienne est É-TER-NEL-LE ! »

Ci-dessus :
FUMIN (en colère) : la bien nommée !

A droite, en haut :
Sur deux roues !

A droite, en bas :
Légère, légère !

Ci-contre :
Le pare-brise en plastique perforé permet une meilleure visibilité sur terrain boueux.

Ci-dessous :
Ce dragster parcourt le 400 m départ arrêté en 11,49 secondes. Le moteur Chevrolet 4,7 litres occupe… une certaine place !

Double page suivante :
Une Cooper de l'écurie d'usine en action, pendant le rallye de Monte-Carlo, en 1967.

Double page précédente :
Une autre voiture de l'écurie d'usine.

Ci-dessous :
Le poste de pilotage de la voiture d'usine.

Ci-contre :
Cette voiture d'usine, restaurée, fut pilotée par Paddy Hopkirk et Rauno Aaltonen.

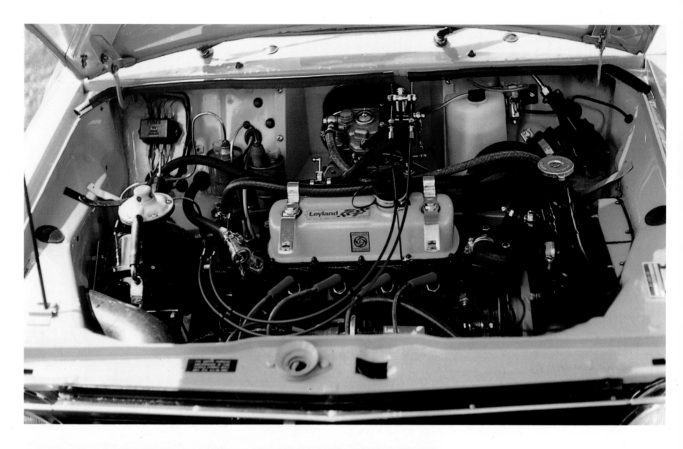

Ci-dessus :
Les propriétaires de modèles routiers sont, eux aussi, avides de performances. Ce moteur est équipé d'un carburateur Weber DCOE, entre autres.

Ci-contre :
Une culasse « crossflow », un 4 en 1 et deux carburateurs Weber double-corps : voilà des caractéristiques impressionnantes pour un moteur série A !

A droite :
Une Moke, méconnaissable.

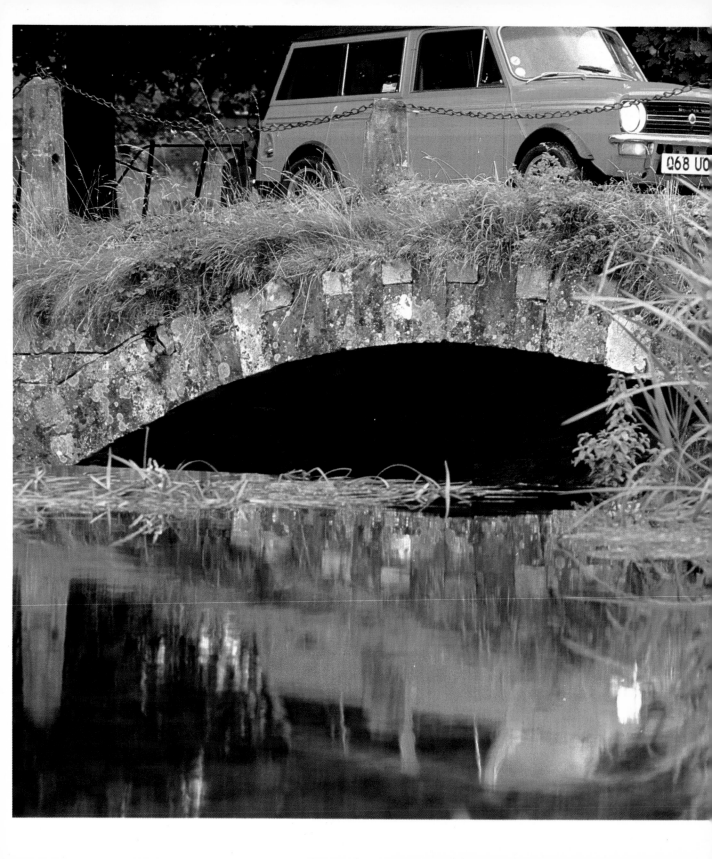

Sous des dehors anodins...

Ci-contre :
... se cache un moteur Lotus
1600 cm^3 double ACT. Cette
Clubman Estate atteint la vitesse
de 210 km/h.

Ci-dessus :
Une Mini récente, transformée par
des éléments de carrosserie Kat.

Large et surbaissé, un cabriolet californien.

Ci-dessus :
Oh, non ! Le frein à main a lâché !

Ci-contre :
Une Mini, du soleil : le bonheur !

Dernière page :
La petite dernière des Cooper,
la Mk III S.